STADT Wien
BEKANNT

W0088113

Unnützes

*Wien**Wissen*

|Holzbaum

Stadtbekannt Medien GmbH Unnützes WienWissen www.stadtbekannt.at
2. Auflage 2013 ISBN 978-3-9503508-5-2
Fotos Stadtbekannt Medien GmbH (sofern nicht anders angegeben)
Fotografinnen Calina Fontanesi und Marlene Mautner
Lektorat Julia Stering
Druck Printed in the EU
Verlag © 2013 Holzbaum Verlag, Wien www.holzbaumverlag.at

INHALT

VORWORT

„Wien, Wien, nur du allein...", so besingt schon das
Wienerlied die charmante Donaumetropole. Die beweg-
te Geschichte, die lebendige Kultur und der legendäre
Schmäh – Wien ist nicht einfach eine Stadt, sondern ein
Lebensgefühl.

Stadtbekannt hat sich diesem Gefühl und der einmaligen
Atmosphäre Wiens vollends verschrieben und wir möchten
unser Glück mit anderen Menschen teilen. Lange haben
wir überlegt, wie man diese wundervolle Stadt jemandem
näher bringen kann, was man über Wien wissen muss, um
einen Eindruck davon zu bekommen.

Doch die Antwort darauf besteht im genauen Gegenteil:
Wer erfahren will, wie „leiwand" Wien ist und immer schon
war, der sollte all das wissen, was man nicht wissen muss.
Die Seele Wiens besteht aus jenen scheinbaren Randnoti-
zen, amüsanten Anekdoten, skurrilen Charakteren, typisch
wienerischen Usancen und Kuriositäten, die in keinem
Geschichtsbuch oder Reiseführer zu finden sind.

Dieses Buch fasst all das „Unnütze WienWissen" zusammen, das Wien-Interessierte, Wien-Kenner und Wien-
Liebhaber zwar nicht wissen müssen, aber wissen möchten
und wir wünschen Ihnen viel Freude mit dieser Liebeser-
klärung an eine einmalige Stadt.

HISTORISCHES

Wien ist eine historische Stadt, voll bewegter Geschichte und Anekdoten. Warum jedoch Kaiserin Sisi heute ein Problem mit dem Suchtmittelgesetz bekäme, die Wiener beinahe über die Kärntner Straße in Urlaub gefahren wären und weshalb das Wiener Abendmahl da Vincis Original aussticht, erfahren Sie in diesem Kapitel.

Franz-von-Assisi-Kirche am Mexikoplatz

MEXIKOPLATZ

Der Platzname soll daran erinnern, dass Mexiko 1938 das einzige Land war, das vor dem Völkerbund gegen den „Anschluss" Österreichs an das Deutsche Reich protestierte.

KÄRNTNER STRASSE

Die Kärntner Straße, 1257 als „Strata Carinthianorum" erstmals urkundlich erwähnt, wurde im Mittelalter als Fernstraße geplant. Sie

KÄRNTNER STRASSE
Die Kärntner Straße ist mit etwa 125.000 Passanten die meistfrequentierte Einkaufsstraße nach dem Graben.

führte vom Stadtzentrum zur Stadtmauer und
über ihre Verlängerungen – die Triester Straße
und die Venediger Straße – zunächst nach
Kärnten und schließlich nach Triest bzw. Venedig.

NEGERDÖRFL

ICH BIN EIN NEGERANT,
MADAME!
Das Adjektiv neger (span.
negro, frz. nègre von lat. niger
für schwarz) bedeutet pleite,
bankrott, zahlungsunfähig,
mittellos. Schwarz steht für
Unglück, Armut, Dunkelheit,
Tod, Bösartigkeit, Bedrohung,
Macht, ...

Das „Negerdörfl", eine 1911 errichtete Siedlung
zwischen Koppstraße und Gablenzgasse,
wurde in kürzester Zeit zum Inbegriff für Elend,
Sittenlosigkeit und Kriminalität.

STADT LIESING

Die Stadt Liesing erhielt zu Beginn des 20.
Jahrhunderts das Stadtrecht und war somit die
einzige Stadt, die in Wien eingemeindet wurde.

DER SCHLESINGERPLATZ

JOSEF SCHLESINGER
Herrn Josef Schlesinger bleibt
aber noch die Josef-Schlesing-
er-Straße in Penzing.

Antifaschismus leicht gemacht: 2006
wurde aus dem Schlesingerplatz der
Schlesingerplatz. Früher erinnerte er an den
Reichstagsabgeordneten Josef Schlesinger, jetzt
an die Sozialdemokratin Therese Schlesinger.

NIBELUNGENVIERTEL

Die Straßen des Nibelungenviertels im
15. Wiener Gemeindebezirk wurden
nach Figuren aus dem Nibelungenlied
benannt: Alberichgasse, Brunhildengasse,
Dankwartgasse, Gernotgasse, Giselhergasse,

Mariahilfer Straße

Guntherstraße, Hagengasse, Kriemhildplatz, Volkergasse....

MARIAHILFER STRASSE

Die Mariahilfer Straße hatte schon viele Namen: Kremser Sraße, Bayerische Landstraße, Laimgrubner Hauptstraße, Schönbrunner Linienstraße, Mariahilfer Grund Straße, Mariahilfer Hauptstraße, Fünfhauser Hauptstraße, Penzinger Poststraße,

EINKAUFSSTRASSE
Die Shops der Inneren Mariahilfer Straße haben eine Verkaufsfläche von etwa 180.000 m², das entspricht ungefähr der Einzelhandelsverkaufsfäche der gesamten Inneren Stadt.

Schönbrunner Straße, Penzinger Straße.

MAGDALENENGRUND

Der Magdalenengrund in Mariahilf hieß ursprünglich „Im Saugraben an der Wien auf der Gstätten" und danach „Ratzenstadl".

DER BRUNNENMARKT ist der längste permanente Markt Europas und wird auch „Orient ums Eck" genannt.

DER BRUNNENMARKT

Der Brunnenmarkt verdankt seinen Namen

Wiener Reichsbrücke

einem Brunnen, der sich ursprünglich
dort befand. Später musste er aber dem
technischen Fortschritt weichen und wurde im
Zuge der Errichtung der Pferdestraßenbahn
schließlich abgerissen.

WIENER REICHSBRÜCKE

Die Wiener Reichsbrücke stürzte am
01.08.1976 ein, am selben Tag verunglückte
auch Niki Lauda am Nürburgring.

WIENER REICHSBRÜCKE
Die heutige Reichsbrücke ist
bereits die dritte Donauüber-
querung, die den Namen
Reichsbrücke trägt. Die erste
Reichsbrücke bestand von
1876 bis 1937, die zweite
Reichsbrücke von 1937 bis
1976 und die dritte Reichsbrücke wurde im Jahr 1980
eröffnet.

DER RATHAUSMANN

Der Rathausturm sollte nicht höher werden als die Türme der Votivkirche. Um sie dennoch zu übertrumpfen, wurde auf die Turmspitze des Rathauses der Rathausmann gesetzt.

SCHWANGERENTOR

Das Tor der „heimlich Schwangeren" führte zur Gebärabteilung des AKHs, wo ungewollt schwangere und ledige Frauen anonym gebären und ihre Neugeborenen im angeschlossenen Findelhaus zurücklassen konnten. Von 1784 bis 1910 nutzten etwa 700.000 Frauen diese Einrichtung.

GEHEIMNISVOLLE INSCHRIFT

Wer vom Schwedenplatz kommend über den Hafnersteig zur Griechengasse geht und ins erste Haus zu seiner Linken tritt, kann dort zwei dunkle Holzbretter entdecken. Die hier eingeritzten arabischen Buchstaben blieben lange ein Rätsel und konnten nicht übersetzt werden. Erst 2007 schaffte es der Orientalist Arne A. Ambros, Licht ins Dunkel zu bringen. Die Inschrift besagt: „Mach dich auf zu einem angenehmen Leben und erfreue dich an Genüssen, die von Dauer sind."

Narrenturm

TEURES KIDNAPPING

Wurden 1971 für das Entführungsopfer Hans
Bensdorf noch ATS 250.000,- Lösegeld
bezahlt, waren es 1976 bei der Schöps-
Entführung schon ATS 27.000.000,- und bei
der Palmers-Entführung 1977 schließlich sogar
ATS 31.000.000,-.

NARRENTURM

Der 1784 erbaute „Narrenturm", der am Gelände des alten Wiener AKH steht, war das erste „Irrenhaus" weltweit.

SO VIELE TEUFEL

Im Jahr 1583 musste die sechzehnjährige Anna Schlutterbauer eine öffentliche Teufelsaustreibung über sich ergehen lassen. Das Martyrium hat sich aber angeblich gelohnt – es sollen dabei nicht weniger als 12.562 Teufel zum Vorschein gekommen sein.

HEXENPROZESS

Der einzige Hexenprozess, der jemals in Wien stattgefunden hat, war der Fall Elisabeth Plainacher aus dem Jahr 1583.

WIENER VERBRECHERBANDEN

Das „Illustrierte Wiener Extrablatt" schrieb im Sommer des Jahres 1905 über das Plattenunwesen in Wien (Als „Platten" wurden damals Banden bezeichnet). Es verglich die „Beer Platte", die „G'stutzte Mirzl Platte", die „Fetzer Platte" etc. mit den „Apachen" aus Paris, den „Hooligans" aus London und den „Mularias" aus Triest, und kam zu dem Schluss, dass in diesen drei Großstädten in zwei Monaten nicht so viele Verbrechen durch

Banden begangen wurden wie in Wien in zwei Nächten.

WIENER HINRICHTUNGSSTÄTTEN UND HINRICHTUNGSARTEN

Am Tabor – Ertränken
Weißgerberlände – Verbrennen
Hoher Markt – Vierteilen und Enthaupten
Spinnerin am Kreuz – Hängen und Rädern
Rossau – Hängen und Rädern

DER FRIEDHOFSEXPRESS

In Wien plante man einst zum rascheren Transport von Leichen auf den Zentralfriedhof einen Friedhofsexpress.

WIENER ZENTRALFRIEDHOF
Die „Einwohnerzahl" des Zentralfriedhofs beträgt drei Millionen, das ist etwa die Hälfte aller Wiener, die jemals gelebt haben.

DIE ARMEN GESELLEN DER BRAUEREI SCHWECHAT

In Kaiserebersdorf wurden bis zu Beginn des 20. Jahrhunderts knapp 600 Leichen aus dem Wasser gefischt. Für die Bestattung der Toten waren die wohl eher nicht zu beneidenden Gesellen der Brauerei Schwechat zuständig.

JOSEF LANG

Josef Lang war der letzte Henker der Monarchie. Nach Aufhebung der Todesstrafe 1918 arbeitete er als Hausmeister in der Gottschalkgasse 1 in Simmering.

TOD DURCH ERHÄNGEN
Als Scharfrichter von Wien hat Josef Lang zwischen 1900 und 1918 insgesamt 39 Menschen durch Erhängen hingerichtet.

Parlament

SCHLÄGEREI IM PARLAMENT

Im Reichsrat kam es immer wieder zu deftigen Schlägereien. Eine besonders wüste ereignete sich am 26. November 1897. Anlass war ein Erlass, der vorsah, dass österreichische Beamte in Tschechien Tschechisch lernen sollten. Trotz polizeilichen Einschreitens entwickelte sich eine

Massenschlägerei. Diese hatte einen berühmten
Zeugen, Mark Twain, der sich das wilde Wüten
so lange von der Zuschauertribüne ansah, bis
diese geräumt wurde.

SÄNFTE

Um 1780 herum gab es in Wien etwa 100
öffentliche Sänften (Tragsessel), die in
Konkurrenz zu den Fiakern standen.

LINKSVERKEHR

In Wien galt bis 1938 der Linksverkehr
erst danach erfolgte die Umstellung auf
Rechtsverkehr.

LINKSVERKEHR
gilt derzeit in 59 Ländern, mit
etwa 2,5 Milliarden Einwohnern.

SCHAFFNERLOS

SCHAFFNERLOS
WOLFGANG AMBROS
Schaffner sei,
des war amoi wos,
Die Zeit ist vorbei,
heut fahrt man schaffnerlos.

Die Umstellung der Wiener Straßenbahnen
auf „schaffnerlos" dauerte über 32 Jahre.
Am 01.12.1964 kam der erste schaffnerlose
Beiwagen (Linie 43) zum Einsatz – und am
20.12.1996 fuhr die letzte Straßenbahn
mit Schaffner (Linie 46). Der Anlass für die
Umstellung damals waren nicht, wie man heute
annehmen würde, Sparmaßnahmen, sondern
Personalmangel.

DOPPELDECKERBUS

Die „Wiener Linien" setzten von 1960 bis 1991
Doppeldeckerbusse ein.

OMNIBUS-LENKER

Ursprünglich saßen die Fahrer der Wiener
Omnibusse im Freien. Das wurde ursprünglich
– der Gewohnheit wegen – von den bis dato
üblichen Kutschen übernommen.

ERSTER KREISVERKEHR

1927 wurde am Michaelerplatz der erste
Kreisverkehr Wiens errichtet.

ERSTER KREISVERKEHR
Der Praterstern ist vor dem
Verteilerkreis Favoriten der
größte Kreisverkehr in Wien.

STRASSENBELEUCHTUNG

Am 27. 11. 1962 um 16 Uhr erlosch in der
Sauraugasse in Hietzing die letzte Wiener
Gaslaterne.

WIENER STAATSOPER

Die Wiener und ihre Spitznamen: Als
„Versunkene Kisten" bezeichneten sie
ihre Staatsoper liebevoll – doch das nicht
ohne Grund. Nach Baubeginn wurde das
Straßenniveau der Ringstraße um einen Meter
erhöht, sodass tatsächlich der Eindruck
entstand, der Prachtbau würde im Boden
versinken. Beide mit dem Bau beauftragten

BIENENSTOCK
Auf dem Dach der Staatsoper
befindet sich seit 2010 ein
Bienenstock mit etwa 60.000
Bienen.

*Wiener Staatsoper
Architekten August Sicard von Sicardsburg
und Eduard van der Nüll*

Architekten erlebten die Fertigstellung der Oper nicht. Eduard van der Nüll verkraftete die Kritik nicht und beging Selbstmord. August Sicard von Sicardsburg starb 2 Monate später an einem Herzinfarkt.

WIENER SÄNGERKNABEN

KONZERTE
Die Wiener Sängerknaben geben jedes Jahr weltweit etwa 300 Konzerte.

Die Wiener Sängerknaben tragen auf ihren Matrosenanzügen das Wappen der Republik Österreich. Die Anregung hierzu lieferte Walt Disney.

Minoritenkirche

DAS WIENER ABENDMAHL

In der Minoritenkirche hängt eine 1:1-Kopie des „Letzten Abendmahls" von Leonardo da Vinci. Das Mosaik mit den Ausmaßen von 9,18 x 4,47 m ist wesentlich besser erhalten und viel farbenfroher als das Original in Mailand. Die Wiener Version besitzt noch einen weiteren gravierenden Vorzug zum Original: Nur auf diesem Bild sind die Füße von Jesus zu sehen!

MINORITENKIRCHE
Geplant war das Bild für das Belvedere. Es erwies sich allerdings als zu groß und kam so in die Minoritenkirche.

MARK AUREL

Mark Aurel starb am 17. März 180 in Vindobona.

WIENER KANALISATION

KANALISATION
Es werden täglich ungefähr 15 Tonnen abgelagertes Material aus den Kanälen befördert, um so einen störungsfreien Abfluss zu schaffen.

Im Jahre 1739 war Wien die erste Stadt Europas, die über eine flächendeckende Kanalisation verfügte.

Elisabeth Bathory

ELISABETH BATHORY

Die ungarische Gräfin Elisabeth Bathory tötete ungefähr 650 junge Mädchen, um in ihrem Blut zu baden. Die Blutgräfin glaubte, dass das Blut junger Mädchen gegen das Altern hilft, weshalb sie regelmäßig eine Blutdusche in ihrem Palais in der Augustinerstraße nahm. Angeblich diente die Geschichte auch Bram Stoker als Vorbild für seinen Dracula Roman.

INSPIRATION
Zahlreiche Bands der Black-Metal-Szene würdigten die Blutgräfin in ihrem Werk, die britische Band Venom inspirierte sie zu dem Song Countess Bathory, die schwedische Band Bathory benannte sich nach der Gräfin, die Untoten veröffentlichten 2006 das Album Die Blutgräfin, die deutsche Dark-Metal-Band Nachtblut komponierte ein Lied mit dem Titel Die Blutgräfin.

HEDY LAMARR

HIMMEL
Nach dem Tod von Hedy Lamarr wurde die Hälfte ihrer Asche Am Himmel im Wienerwald verstreut.

Die Wiener Schauspielerin Hedy Lamarr erfand zusammen mit dem Komponisten George Antheil das Frequenzsprungverfahren. Dieses Verfahren wird auch heute noch in der Mobilfunktechnik, bei Bluetooth und GSM verwendet. Am 9. November wird ihr zu Ehren der „Tag der Erfinder" gefeiert.

DIE SCHÖNE LISL GOLDARBEITER

Die Wiener Jüdin Lisl Goldarbeiter wurde als erste und bisher einzige Österreicherin zur „Miss Universe" gekürt. Im Jahr 1929 gewann sie in Wien die Wahl zur „Miss Austria" und noch im selben Jahr die Wahl zur „Miss Universe" in Texas.

RHEE FRANCESCA

NAME
Obwohl sie als Franziska geboren wurde, verwendete sie später sowohl die Schreibweisen Franzeska als auch Francesca.

Rhee Francesca, Gattin von Präsident Rhee Syng-man und von 1948 bis 1960 die erste „First Lady" der Republik Südkorea, wurde als Franziska Donner geboren, Tochter des Inzersdorfer Sodawasserfabrikanten Josef Donner. Lady Francesca wurde von den Koreanern Hojudaek genannt – die „Frau aus Australien".

Sesselreihe im Volksgarten

SESSELFRAUEN

Sitzen war in Wien nicht immer gratis. Bis in die 1950er Jahre haben die sogenannten Sesselfrauen in Wiener Gärten und Parks gegen Bezahlung Leihsessel angeboten.

WEISSE FRAU

Die Weiße Frau, das alteingesessene Gespenst der Wiener Hofburg, wurde 1898 das letzte Mal gesehen. Es konnte nie restlos geklärt werden, ob sie nun weiße oder schwarze Handschuhe zu ihrem weißen Kleid trug.

HANDSCHUHE
Weiße Handschuhe bedeuten fröhliche Ereignisse, schwarze Handschuhe jedoch schwere Unglücksfälle.

COPA CAGRANA UND FRANZ-JOSEFS-LAND

Namensgebung auf Wienerisch. Bevor es die Copa Cagrana auf der Donauinsel gab, befand sich ganz in der Nähe „Franz-Josefs-Land" – ein Gastronomie-Gebiet, benannt nach der polaren Inselgruppe. Dort gab es Lokale wie das „Zum Nordpol".

WASSERFESTE WIMPERNTUSCHE

REZEPTUR
Frau Winterstein-Kambersky benötigte mehr als 2.000 Versuche, um die richtige Rezeptur für die wasserfeste Wimperntusche zu finden.

Die Wiener Sängerin Helene Winterstein-Kambersky erfand in den 1920er Jahren die erste wasserfeste Wimperntusche.

Herrenhaus

WIENS ÄLTESTES HOCHHAUS

1931/32 entstand in der Herrengasse das erste Wiener „Hochhaus", welches heute – da es im Vergleich zu anderen Gebäuden nicht mehr als hoch empfunden wird – kaum auffällt. Wegen zahlreicher Proteste wurde das Gebäude nur 50 Meter hoch gebaut, die sich über 16 Geschoße erstrecken.

HOCHHAUS HERRENGASSE
Herrengasse 6–8
Fahnengasse 2
Wallnerstraße 5–7
1010 Wien

LIESINGER ZAHNPASTA

In Liesing wurde die Zahnpasta in der Tube

erfunden: Die in Liesing ansässige Firma F.A. Sarg's Sohn & Co brachte 1887 die erste Zahnpasta in der Tube namens „Kalodont" auf den Markt.

WIENER STADTMAUER

1858 begann man mit der Schleifung der Wiener Stadtmauer.
Die gesamten Abbrucharbeiten dauerten etwa 15 Jahre. Auf den frei gewordenen Grundstücken wurden nahezu zeitgleich knapp 1.000 Häuser gebaut.

Otto Wagner Kirche

OTTO WAGNER KIRCHE

Die Otto Wagner Kirche am Steinhof steht nicht
zufällig auf dem Gelände einer „Irrenanstalt".
Sie musste auf dem Areal der Heil- und
Pflegeanstalt für Nerven- und Geisteskranke
gebaut werden, da sie wegen ihrer Einfachheit
zu zahlreichen Protesten Anlass gab und in
Wien nicht gebaut werden durfte.

STEINHOF
Die Kirche am Steinhof,
eigentlich Kirche zum Hl.
Leopold, ist vor allem als Otto-
Wagner-Kirche bekannt.

STOSS

Um 1970 war die übliche Miete für ein Hinterzimmer, in dem das Kartenspiel Stoß gespielt wurde, ca. ATS 2.000,- pro Stunde. Vorsichtig geschätzt wurden damals in Wien in einer Nacht etwa ATS 3 Millionen umgesetzt.

VENEDIG IN WIEN

„Venedig in Wien" wurde 1895 im Prater, auf dem Platz der heutigen Kaiserwiese, eröffnet. Der mehrere Tausend Quadratmeter große Nachbau der Stadt Venedig war einer der ersten Themenparks der Welt. Heute erinnert nur noch die Straßenbezeichnung „Venediger Au" an den einstigen Glanz der Kanäle, Palazzi und Gondolieri.

Unsere Stadt!

JÜDISCHES WIEN BIS HEUTE

1., Dr.-Karl-Lueger-Ring

Straßenschild Dr.-Karl-Lueger-Ring, 2012 vor der Universität abmontiert · JMW, Foto David Peters

Die neue permanente Ausstellung.

Jüdisches Museum Wien

ein museum der **wien**holding

 WIEN KULTUR

bm:uk Bundesministerium für Unterricht, Kunst und Kultur

Dorotheergasse 11, Wien 1 · So – Fr 10 – 18 Uhr · www.jmw.a

DAS EINZIGARTIGE FLUGTHEATER IM HERZEN WIENS

Im Schmetterlinghaus können Sie das ganze Jahr über rund 500 frei lebende und fliegende Schmetterlinge bewundern.

Schmetterlinghaus Palmenhaus
Burggarten Hofburg, 1010 Wien
www.schmetterlinghaus.at

A·MARIA·THERESIA·E
PERFECIT·A

KAISERLICHES

Wie haben sie nicht das Bild von Österreichs
Monarchie geprägt: Franz und Sisi, harmonisch
und sündenfrei durch die berühmten Sissi-
Filme flanierend. Warum jedoch Sisi heute
ein Problem mit dem Suchtmittelgesetz
bekäme und die Wiener Freudenmädchen
nicht besonders gut auf Kaiser Joseph II. zu
sprechen waren, erfahren Sie in diesem Kapitel
sowie jede Menge unterhaltsame Fakten zum
Schloß Schönbrunn, der Hofburg und den
Habsburgern.

© Schloß Schönbrunn
Kultur- und Betriebsges.m.b.H.

SISIS PECKERL

Sisi – Kaiserin Elisabeth – ließ sich auf einer
ihrer vielen Reisen einen Anker auf die Schulter
tätowieren.

KOKAIN FÜR DIE KAISERIN

Kaiserin Elisabeths Reiseapotheke enthielt
üblicherweise eine „Cocainspritze" und
ein „Cocainfläschchen". Die Spritze war in
damaligen Zeiten nicht ungewöhnlich, das
kommt uns nur heute so vor. Kokain war
damals als Medikament weit verbreitet – etwa
als Halsschmerztabletten oder als Bonbons für
zahnende Kinder.

SISI MUSEUM
Hofburg-Michaelerkuppel
1010 Wien
www.hofburg-wien.at

Das Sisi Museum zeichnet
anhand der zahlreichen
persönlichen Gegenstände ein
durchaus kritisches Bild der oft
missverstandenen Kaiserin.

KAISERIN ELISABETH LIEBTE VEILCHENEIS

Kaiserin Elisabeth liebte „Gefrorenes".
Das geliebte Veilcheneis war meistens
Bestandteil ihrer täglichen Ernährung, die oft
nur aus gekochter Fleischbrühe bestand.
Manchmal legte sie dazwischen auch einen
Obsttag ein.

KAISERFALTUNG

SILBERKAMMER
Hofburg-Michaelerkuppel
1010 Wien
www.hofburg-wien.at

KLEINER HINWEIS AM RANDE
Silberkammer, Sisi Museum
und Kaiserappartements sollten
am besten an einem Tag be-
sucht werden, weil man dafür
nur ein Ticket braucht.

Nur bei offiziellen Tafeln und in Anwesenheit
des Kaisers durfte die Kaiserfaltung, bei
der man in jeder Wölbung der Serviette ein
Kaisersemmerl oder ein Salzstangerl findet,
verwendet werden.

Diese Faltmethode ist bis heute ein gut
gehütetes Geheimnis, das nur zwei Personen
kennen! Nach wie vor ist die Kaiserfaltung bei
Staatsbesuchen von gekrönten Häuptern und
Präsidenten das Highlight des Gedecks.

KAISERIN ELISABETHS MÄHNE

Sisi, Kaiserin von Österreich und Modeikone,
hatte bodenlanges Haar, das täglich bis zu zwei
Stunden gekämmt wurde. Die Frisierstunden
nutzte die Monarchin, um Sprachen zu lernen.

© Schloß Schönbrunn Kultur- und
Betriebsges.m.b.H. Foto: Julius Silver

SCHÖNBRUNNER GELB

Nach einigen Farbirrungen und -wirrungen
(eine Zeit lang war das Schloss sogar rosa)
erstrahlt das Schloß Schönbrunn in seinem
berühmten Gelb. Wobei das vermeintlich satte,
erdige Schönbrunner Gelb gar nicht wirklich
das Schönbrunner Gelb ist, denn wie man an
der jetzigen Restaurierung der Fassaden sehen
kann, ist das echte Schönbrunner Gelb viel
heller.

Da sich die Monarchie von Ungarn bis
Moldawien erstreckte, folgten natürlich auch
dort die Amtsgebäude dem Wiener Vorbild
und glänzten in Gelb. Dass der Schönbrunner-

DIE WELT DER HABSBURGER
Weitere spannende Informa-
tionen zu den Kaisern und
Königen, den Stammbäumen
und der Heiratspolitik erfahren
Sie auf www.habsburger.net.

Gelb-Hype aber sogar in Brasilien seine Spuren hinterließ, ist auf die expansive Heiratspolitik der Habsburger zurückzuführen. So wurde die Erzherzogin Maria Leopoldine von Habsburg, Tochter von Kaiser Franz I., kurzerhand mit dem portugiesischen Kronprinzen Dom Pedro vermählt. Dadurch war sie, Kraft ihres Amtes, ab Dezember 1822 Kaiserin von Brasilien – daher auch das Schönbrunner Gelb in der brasilianischen Flagge.

KINDERMUSEUM
im Schloss Schönbrunn
www.kaiserkinder.at

„Schloss Schönbrunn
erleben" – Hier kann man
die Fächersprache erlernen.

FÄCHERSPRACHE

Im Barock und Rokoko benutzte man eine Art Zeichensprache mit dem Fächer, um sich zum Beispiel heimlich im Park zu verabreden.

SCHLOSS SCHÖNBRUNN

Erst nach Fertigstellung der Wasserbecken und Springbrunnen im Schlossgarten von Schönbrunn stellte sich heraus, dass der Wasserbedarf der Bassins und der Brunnen nicht gestillt werden konnte. So wurden zwölf bereits gegrabene Brunnenbecken wieder zugeschüttet.

SCHLOSS SCHÖNBRUNN
www.schoenbrunn.at

GEHEIME KONFERENZEN

Im runden chinesischen Kabinett – es gibt übrigens auch ein ovales – hielt Maria Theresia geheime Staatskonferenzen und Besprechungen mit Staatskanzler Fürst Kaunitz ab. Beide Kabinette nutzte sie auch, um ihrer bekannten Spielleidenschaft zu frönen.

MANDARINEN, ZITRONEN UND POMERANZEN

Die wertvolle Sammlung von Zitruspflanzen der Österreichischen Bundesgärten besteht aus etwa 400 Pflanzen. Die Sammlung enthält auch viele historische Sorten, darunter bis zu 180 Jahre alte Exemplare.

KRONPRINZENGARTEN
Schloß Schönbrunn
www.schoenbrunn.at

Ein Teil der Sammlung ist während der Sommermonate im Kronprinzengarten von Schloß Schönbrunn zu besichtigen. Zitruspflanzen werden im Schlossgarten bereits seit 1647 gezüchtet.

JOHANN BAPTIST WENZEL BERGL

Johann Wenzel Bergl war einer der
Lieblingsmaler von Kaiserin Maria Theresia,
für die er um 1770 Wandmalereien in ihrem
Privatappartement im Schloß Schönbrunn
anfertigte und die so genannten Bergl-
Zimmer schuf, heute bekannt als das
Gisela-Appartement, das Goess- und das
Kronprinzenappartement.

GLORIETTE

Die Gloriette im Schlosspark Schönbrunn wurde aus weißem Kaiserstein auf dem Schönbrunner Berg erbaut und ist mit einer Länge von über 135 Metern die weltweit größte aller Glorietten.

WIENER SCHLUSS

Kaiser Joseph II. ordnete per Dekret an, dass Theaterstücke keine traurigen Inhalte haben dürfen, um die kaiserlichen Zuschauer in keine

GLORIETTE
AUSSICHTSTERRASSE
Schloß Schönbrunn
www.schoenbrunn.at

KLEINER HINWEIS AM RANDE
Die Aussichtsterrasse am Dach der Gloriette bietet einen atemberaubenden Blick über den Schlosspark und die ganze Stadt.

KLEINER HINWEIS AM RANDE
Erfahren Sie alles über die Welt
der Habsburger auf
www.habsburger.net.

schlechte Stimmung zu versetzen. Viele Stücke mussten deswegen geändert und mit einem so genannten „Wiener Schluss", also einem Happy End versehen werden. So musste beispielsweise für „Romeo und Julia" oder „Hamlet" ein alternatives Ende gefunden werden.

IRRGARTEN

IRRGARTEN & LABYRINTH
Schloß Schönbrunn
www.schoenbrunn.at

Um 1720 wurde im Schönbrunner Schlosspark ein Irrgarten angelegt. Der 1999 nach historischem Vorbild wieder eröffnete Irrgarten ist mit zwei kraftspendenden Harmoniesteinen

Hofburg

ausgestattet, die von den Feng-Shui-Meistern Jes
und Julie Lim aktiviert wurden.

AUDIENZ

Franz Joseph gewährte im Laufe seines Lebens
etwa 260.000 Personen eine Audienz. Er
empfing oft über 100 Audienzwerber an einem
einzelnen Tag in seinem Audienzzimmer in der
Wiener Hofburg.

KAISERAPPARTEMENTS
Hofburg-Michaelerkuppel
1010 Wien
www.hofburg-wien.at

WIENER HOFBURG

Die Hofburg besteht aus 18 Trakten mit 19
Höfen und ca. 2.600 Zimmern.

SISSI-TRILOGIE

SISSI IM FILM
Die permanente Ausstellung
zeigt das Original Mobiliar
der Sissi-Filme
und präsentiert interessante
Informationen zu den
Schauspielern und Drehorten.

Hofmobiliendepot
Andreasgasse 7
1070 Wien
www.hofmobiliendepot.at

Die Filmaufnahmen für die Sissi-Filme von Ernst Marischka wurden 1955 bis 1957 vor allem im Stadtpalais Liechtenstein in der Bankgasse mit den Möbeln und Requisiten aus dem Bestand der Bundesmobilverwaltung gedreht, weil die Originalschauplätze nicht zur Verfügung standen oder keine Drehgenehmigung ausgestellt wurde.

HABSBURGER INNEREIEN

AUGUSINERKIRCHE
Augustinerstraße 3
1010 Wien

STEPHANSDOM
Stephansplatz 1
1010 Wien

KAPUZINER KIRCHE
Tegetthoffstraße 2
1010 Wien

Zur Begräbniszeremonie der Habsburger gehört es, Herz, Eingeweide und Körper getrennt zu bestatten. Das Herz wurde üblicherweise in Silberbehältern in der Herzgruft der Loretokapelle in der Augustinerkirche aufbewahrt, die restlichen Eingeweide in der Herzogsgruft der Katakomben unter dem Stephansdom beigesetzt und der Körper wurde in der Kapuzinergruft unter der Kapuzinerkirche bestattet.

KOMMT EIN KAISER GEFLOGEN ...

In der Gutenberggasse 13 am Spittelberg befindet sich heute das Lokal „Witwe Bolte". Am Haus ist die Inschrift „Durch dieses Thor im Bogen ist Kaiser Joseph geflogen" angebracht. Dort soll sich einst ein Bordell befunden haben, aus dem Kaiser Joseph II. hinausgeworfen wurde, als er inkognito Dienste in Anspruch nehmen wollte, sich dabei aber sehr knausrig zeigte.

MUSIKALISCHES

Schubert wurde hier geboren, die Wiener Sängerknaben rühren zu Tränen, die Wiener Philharmoniker begeistern Kritiker, das Wienerlied wird zum Wein serviert und Mozart war so freundlich, hier zu sterben: Wien ist die Stadt der Musik. Was Sie über Wiens musikalische Seele aber sicher noch nicht wussten – und vielleicht auch nie wissen wollten – hat stadtbekannt mit viel Rhythmus zusammengetragen.

JOHANN STRAUSS SOHN

Der Walzer „Faschings-Lieder" von Johann
Strauss Sohn hatte seine erfolgreiche
Erstaufführung im Casino Dommayer in
Hietzing, an jenem Ort gab er am 15.10.1844
auch sein Debüt.

FRANZ SCHUBERT

Franz Schubert nahm angeblich niemals seine
Brille ab, auch nicht, wenn er schlief.

ARNOLD SCHÖNBERG

Der Wiener Komponist Arnold Schönberg litt an Triskaidekaphobie, der Angst vor der Zahl 13. Er wurde an einem 13. geboren und starb auch tatsächlich an einem Freitag den 13.

DER DIEBSTAHL VON JOSEF HAYDNS KOPF

Als Joseph Haydn in Wien starb, war die Stadt gerade von Napoleons Truppen besetzt und man konnte ihn nicht standesgemäß begraben. Als man die Leiche fünfzehn Jahre später exhumierte, um sie in ein anderes Grab zu überführen, stellte man fest, dass der Kopf gestohlen worden war. Anhänger der Schädellehre hatten ihn gestohlen und auf Umwegen gelangte er 1895 in den Besitz der Gesellschaft der Musikfreunde in Wien. Erst 1954 konnten die Gebeine und der Schädel wieder vereint werden.

BANKÜBERFALL MUSIKALISCH UNTERMALT

Am 27. Februar 2007 wurden bei einem Bankraub in einer Filiale der BAWAG in Wien Geiseln genommen. Während des Banküberfalls stellte ein Bewohner des Hauses gegenüber der Bankfiliale Lautsprecherboxen ans Fenster und spielte laut den EAV-Hit „Ba, ba, Banküberfall", bis die Polizei einschritt.

Straßenschild Falcostiege

FALCO

Falco benannte sich nach dem Skispringer
Falko Weißpflog.

HANS HÖLZEL

Durch die Verleihung des Goldenen
Verdienstzeichens des Landes Wien, wurde
Hans Hölzel 1986 mit 29 Jahren der jüngste
Ordensträger Wiens.

FALCO-DOUBLE
Michael Patrik Simoner ist das
einzige von der Falco-Stiftung
autorisierte Falco-Double.

DER KOMMISSAR

KOTTAN ERMITTELT
Falco war in der elften Folge der Fernsehserie Kottan ermittelt Aushilfspianist in der Polizeiband von Kommissar Kottan.

Nach Erscheinen der Single „Der Kommissar" des „ersten weißen Rappers" Falco wurden 3 Bars in Los Angeles in „Der Kommissar" umbenannt.

MICHAEL JACKSON

Michael Jackson schrieb das Stück „Earth Song" im Wiener Hotel Imperial.

Kunsthistorisches Museum, Architekt Gottfried Semper

LOOS BAR

Der Manager von „Guns N' Roses" wollte für Band, Crew und Roadies (ungefähr 60 Personen) Plätze in der berühmten „Loos Bar" zum Feiern reservieren. Als er vom Barchef Roberto die Größe des Lokals (knapp 27m²) erfuhr, soll er ziemlich laut gelacht haben.

KILL BILL 2
Quentin Tarantino verliebte sich in eine Barfrau der Loos Bar und benannte später einen Charakter in Kill Bill 2 nach ihr.

SEMPERDEPOT

Der Videodreh zu Robbie Williams´ Song
„Lovelight" fand im Semperdepot in Mariahilf
statt.

DUDELN

Der Dudler, zurückzuführen auf die Lautform
„Dulie", wird im Gegensatz zum Jodler vor
allem in geschlossenen Räumen gesungen.
Der Wiener Dudler wurde im Jahr 2010 in die
UNESCO-Liste „Immaterielles Kulturerbe in
Österreich" aufgenommen.

GOOD EVENING, MR. WALDHEIM

Der US-Amerikanische Musiker Lou Reed
schrieb ein Lied mit dem Titel „Good Evening,
Mr. Waldheim", in dem er ironisch Kritik an
den politischen Verhältnissen und prominenten
Persönlichkeiten übt.

BIG PHIL

Die Big Phil, eine Jubiläumsausgabe des
Wiener Philharmonikers, hat einen Nennwert
von 100.000 Euro und gilt als offizielles
Zahlungsmittel. Allerdings wäre es ein wenig
umständlich, mit einer 31,1 kg schweren
Münze einkaufen zu gehen und auch etwas
unklug, da der Materialwert derzeit etwa
1.300.000,00 Euro beträgt.

KLARER GESCHMACK, 15.000 JAHRE ALT UND 4 KILO LEICHT.

voeslauer.com
facebook.com/voeslauer

KULINARISCHES

In Wien werden Kulinarik und Genuss seit jeher
groß geschrieben. Kaum ein Anlass, der nicht
dazu dient, sich ein Schnitzel einzuverleiben,
eine Melange zu schlürfen oder sein Hüftgold
mit einer Mehlspeise zu pflegen. Wir haben
im Folgenden die unnützesten Informationen
über Wiener Gaumenfreuden, Genuss- und
Beislkultur zusammengefasst.

Cappuccino

VOM KAPUZINER ZUM CAPPUCCINO

Die Wiener Kaffeespezialität „Kapuziner", deren
Namen sich von der Kapuze des gleichnamigen
Ordens ableitet, war die Grundlage für den
Cappuccino, der in Italien als Weiterentwicklung
des Kapuziners entstand.

DIE ERSTE ESPRESSO-MASCHINE

Im Jahr 1948 stand die erste Espresso-
Maschine Österreichs in einem Wiener
Kaffeehaus in der Wollzeile. Die Filiale der Aida
Kaffeekonditorei erfreute damals mit dieser
Neuheit Wiener Kaffeeliebhaber.

KAFFEE
Die Wiener Kaffeehaustradition
kennt etwa 50 verschiedene
Arten der Kaffeezubereitung,
abhängig von Größe und Art
der Tassen und Gläser sowie
der Zutaten wie etwa Obers,
Schlagobers, Milch, Milch-
schaum, Zucker, Spirituosen.

Café Griensteidl, Fotograf Carl von Zamboni

CAFÉ GRIENSTEIDL

Das Café Griensteidl in Wien war im 19.
Jahrhundert wegen seiner Gäste auch als Café
Größenwahn bekannt.

DER TÜRKISCHE BAGEL

Der Bagel erinnert von seiner Form her an
einen Steigbügel. Angeblich entstand das
Gebäck als Hommage an den polnischen
König Jan Sobieski, der mit seinen Reitern

Schwedenbomben

Wien entsatzte, also von der Zweiten
Türkenbelagerung befreite.

SCHWEDENBOMBE

Herr Walter Niemetz, ein Wiener
Süßwarenhersteller, hatte einen Freund aus
Schweden. Im Andenken an seinen Freund
kreierte Herr Niemetz eine Süßigkeit, die er
„Schwedenbombe" nannte.

600 Schwedenbomben
werden pro Minute erzeugt,
eine Hälfte mit einem Überzug
aus Schokolade, die andere
zusätzlich noch mit
Kokosflocken.

SACHERTORTE

Die größte je produzierte „Original Sacher-Torte"
hatte einen Durchmesser von 2,50 Metern.

ERFINDUNG DER SACHERTORTE

Fürst Metternich gab im Jahr 1832 an seine
Küche den Auftrag, ein besonderes Dessert
zu kreieren. Da an diesem Abend der Koch

krank war, musste der Lehrling Franz Sacher die Aufgabe übernehmen und erfand die Sachertorte.

KRAPFEN

Im 19. Jahrhundert war es in Wien Brauch, auf einen Krapfen einzuladen. Dabei brach das Mädchen einen Krapfen auseinander und teilte diesen mit einem Burschen, was als Zeichen der Verlobung galt.

MARILLENMARMELADE
In Wien müssen Krapfen immer mit Marillenmarmelade gefüllt werden, eine andere Füllung muss extra angeführt werden.

OWANES ASTOUATZATUR

Owanes Astouatzatur, auch als Johannes Diodato bekannt, eröffnete ca. 1685 am Haarmarkt, der heutigen Rotenturmstraße 14, das erste Wiener Kaffeehaus.

EIS

1865 kam der erste Eismacher aus Cadore nach Wien und verkaufte Speiseeis im Wiener Prater. Von Wien aus eroberten die Eismacher aus Norditalien schließlich ganz Mitteleuropa.

TICHY

1967 erfand Kurt Tichy die Eismarillenknödel.

EDEN BAR

2004 feierte man 100 Jahre Eden. Was verwundert, zumal das Haus in der Liliengasse

Schnitzel

2 vom Architekten Rudolf Erdös erst im Jahre 1911 erbaut wurde.

RESTAURANTKETTE WIENERWALD

SCHNITZ'L LAND
In Wien gibt es heute noch fünf Wienerwald-Filialen. Seit 2010 wird das Unternehmen vom Betreiber der Schnitz'l Land-Filialen geführt.

Die Restaurantkette Wienerwald hatte im Jahr 1978 weltweit etwa 1.600 Lokale und fast 30.000 Mitarbeiter.

DAS WIENER SCHNITZEL

Ein Wiener Schnitzel hat etwa 518 Kalorien. Man muss rund acht Stunden schlafen, um es „abzutrainieren".

Palais Wertheim am Schwarzenbergplatz

DER ERSTE WIENER MCDONALDS

Die erste Wiener McDonalds-Filiale eröffnete
am 27.07.1977 im Palais Wertheim am
Schwarzenbergplatz.

WIENER WÜRSTE

Echt „wienerisch": Wiener Würste werden
in Wien als Frankfurter bezeichnet, wo sie
vermutlich auch ihren Ursprung haben. Wiener
Schnitzel wird wiederum in Mailand cotoletta
milanese genannt und wurde wahrscheinlich
auch hier erfunden. Nur die Linzer Torte ist
vielleicht nach einem Wiener Zuckerbäcker
namens Linzer benannt.

NEULERCHENFELD – DAS GRÖSSTE WIRTSHAUS

WEINHAUS SITTL
Das Weinhaus Sittl heißt
eigentlich Gasthaus zum Goldenen Pelikan.

Zu Beginn des 19. Jh. galt Neulerchenfeld
als des Heiligen Römischen Reiches größtes
Wirtshaus. In 103 von 150 Häusern gab es zu
dieser Zeit eine Gaststätte. Das Weinhaus Sittl
erinnert noch an diese Zeit.

STRANDBAR HERRMANN

Die Strandbar Herrmann verdankt ihren
Namen Professor Emanuel Herrmann, dem
wir wiederum die Einführung der Postkarte
verdanken.

WIENER KÜCHE

Die Wiener Küche ist die einzige weltweit, die
nach einer Stadt benannt ist.

Nussdorf, Weinanbau

WEINANBAU

Wien hat zirka 585 Hektar Weinanbaufläche und ist somit weltweit die Stadt mit der größten innerstädtischen Weinanbaufläche.

WIENER WEIN
Etwa 640 Weinbauern pro-
duzieren jährlich ungefähr 2,5
Millionen Liter Wein.

SCHANIGARTEN

Johann „Gianni" Taroni erhielt um 1750 als Erster die Erlaubnis, Tische und Stühle vor seinem Kaffeehaus am Graben aufzustellen. Aus „Giannis Garten" entwickelte sich schließlich der "Schanigarten" (Gastgarten).

SCHANIGARTEN KONTRA GASTGARTEN
Ein Schanigarten befindet sich auf öffentlichem Grund, ein Gastgarten hingegen steht auf privatem Grund. Derzeit gibt es über 1.800 Schanigärten und mehr als 600 Gastgärten in Wien.

WIENER WEIN

ANBAUGEBIETE
Nussdorf, Heiligenstadt, Grinz-
ing, Sievering, Salmanns-
dorf, Neustift am Walde,
Mauer, Oberlaa, Stammersdorf,
Strebersdorf, Jedlersdorf

Der Jahrgang 1456 war dermaßen sauer, dass die Wiener den Wein auf die Straßen schütteten. Um weiteres Verschütten zu vermeiden, verfügte Kaiser Friedrich III., den Mörtel für den Nordturm des Stephansdoms mit dieser Gottesgabe anzurühren.

WIENS KLEINSTER WEINGARTEN

Wiens kleinster Weingarten befindet sich auf dem Schwarzenbergplatz.

Sprudelndes Wasser

WIENER BLUT

Eine Wiener Likörspezialität bringt das Blut in Wallungen: Die roten, scharfen Chilischoten im „Wiener Blut" verleihen dem Likör eine leuchtend rote Farbe, einen starken Duft und einen kräftigen und scharfen Geschmack. Besonders hitzig ist er aber im Alkoholgehalt.

Wiener Blut ist eine Operette von Johann Strauß, ein Film von Willi Forst, ein Album und ein Lied von Falco, ein Buch über die Unterwelt von Robert Geher, ein Song von Rammstein, ...

WIENER AUSTERN

Die „Wiener Auster" wurde von Schneckenweibern auf dem Wiener Schneckenmarkt angeboten. Bis zu Beginn des

WEINBERGSCHNECKE
Die Weinbergschnecke war beliebt als Fastenspeise und wegen ihrer aphrodisierenden Wirkung.

20. Jahrhunderts war Wien eine Hochburg der Schneckenliebhaber.

SCHÖNBRUNNER SCHLOSSWASSER

Im Handel ist „Schönbrunner Schlosswasser" erhältlich. Dieses stammt jedoch wider Erwarten nicht aus Schönbrunn, sondern aus der Steiermark.

BAUCHERL

Cola mit Weinbrand heißt in Wien Baucherl – wegen des bauchigen Weinbrandglases.

HESPERIDENESSIG

1927 erfand Mautner Markhof den Hesperidenessig, eine Mischung aus Weingeistessig, Weinessig und Apfelsaft.

SCHRITTESSER
SPECK&BAR

KÄRNTNER SPEZIALITÄTEN

schrittesser SPECK&BAR OG
Reichsratsstraße 11
1010Wien
Tel: +43 650 33 20 218
www.schrittesser.at
office@schrittesser.at

Öffnungszeiten:
Mo - Fr 11:00-24:00 Uhr
Sa 18:00-24:00 Uhr

FESTE FEIERN IM VIVUS

VIVUS - Das Salettl in der Hauptallee eignet sich bestens für Ihr Fest.

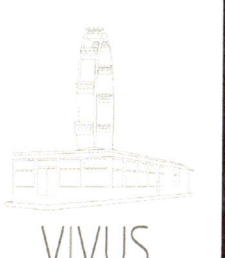

Ganz gleich, ob Geburtstag, Hochzeit, Pressekonferenz, Firmenveranstaltung, Weihnachtsfeier oder einfach eine ausgelassene Party mit Freunden. Das Restaurant VIVUS, bekannt für seine exzellente Wiener Küche, ist eine stimmungsvolle Location für 20 bis 200 Personen und lässt an einem der beliebtesten Plätze Wiens keine Wünsche offen.

VIVUS – Das Salettl in der Hauptallee
Öffnungszeiten täglich 8.00 bis 22.00 Uhr
Prater Hauptallee 1, 1020 Wien
0664 188 80 80 | salettl@vivus.cc | www.vivus.cc

TIERISCHES

Wien ist zwar nicht die grüne Lunge Österreichs, aber die Metropole beeindruckt durch eine erstaunliche urbane Artenvielfalt. Wie das besondere Verhältnis der Wienerinnen und Wiener zu Hunden und ihren Hinterlassenschaften aussieht, warum man nicht jederzeit Enten schießen darf, obwohl Jagen in Wien erlaubt ist, und woher man „Elefantenglück" bekommt, weiß dieses Kapitel.

Elefanten

ELEFANTENMIST

Die Schönbrunner Elefanten produzieren täglich
dreißig Kübel Mist. Dieser wird als Dünger unter
dem Namen „Elefantenglück" verkauft. Einen
Kübel gibt es ab 3,50 Euro.

ELEFANTENGLÜCK
Die Elefanten im Schönbrunner Zoo heißen Drumbo, Kibo,
Mongu, Numbi und Tonga.

JAGEN IN WIEN

Das Bundesland Wien wird in fünf
Jagdbezirke aufgeteilt. Die rund 1.500
Mitglieder (Besitzer von Landesjagdkarten)
des Landesjagdverbandes werden in sechs
Bezirksstellen verwaltet. 2012 wurden
laut der Magistratsabteilung für rechtliche

Angelegenheiten des Ernährungswesens, der Landeskultur und des Wasser- und Schifffahrtswesens 374 Rehe und 246 Hasen erlegt.

WIENER HUNDE HABEN´S BESSER

MELDESTATISTIK
In Wien sind derzeit etwa
57.000 Hunde gemeldet.

Für 57.000 Wiener Hunde gibt es 160 Hundezonen, davon 70 mit Hundetränke ausgestattet. 100.000 Berliner Hunden stehen 30 teils kostenpflichtige Hundezonen zur Verfügung.

WURMDOKTOR

NATURHISTORISCHES
MUSEUM
Burgring 7, 1010 Wien
www.nhm-wien.ac.at

Der praktische Arzt Johann Gottfried Bremser sezierte zu Beginn des 19. Jahrhunderts etwa 60.000 Würmer. Seiner Sammelwut verdankt das Naturhistorische Museum in Wien eine der ältesten und größten Sammlungen von parasitischen Würmern weltweit.

WIENER TIERFRIEDHOF

Den ersten Wiener Tierfriedhof gibt es erst seit November 2011.

WINKERFRÖSCHE

Riesensensation in Schönbrunn! Als erstem Zoo weltweit gelang dem Tiergarten Schönbrunn die Nachzucht von Winkerfröschen. Diese verständigen sich, wie

Tauben

der Name bereits erahnen lässt, untereinander durch Winken.

TAUBEN IN WIEN

Laut Verordnung des Magistrates der Stadt Wien ist im verbauten Stadtgebiet das Abschießen von Tauben verboten.

WIENER TAUBEN

Wiener Kurzer, Wiener Weißschild, Wiener Kiebitz, Wiener Röserlscheck, Wiener Tümmler, Wiener Hochflieger und Altwiener Hochflieger

TURTELTAUBE
Die Schonzeit für Turteltauben dauert von 11. April bis 31. August.

sind die Wiener Haustauben. Die Haustaube ist die domestizierte Form der Felsentaube aus der Gattung der Feldtauben. Die verwilderte Form der Haustaube ist die Straßentaube. Mit ungefähr 150.000 Straßentauben liegt Wien im europäischen Spitzenfeld. Da nicht jeder Wiener von diesem Spitzenplatz begeistert ist, unternahm die Stadt Wien schon einiges, um die Anzahl der Straßentauben zu reduzieren: Antibaby-Pillen, Falken, Taubenhotels am Stadtrand, Eier durch Attrappen ersetzen …

FLEDERMAUS

DIE RACHE
DER FLEDERMAUS
Die Fledermaus alias Dr. Falke
ist eine Nebenrolle in der
Wiener Operette „Die Rache
der Fledermaus".

In Wien leben 20 Fledermausarten: Kleine Hufeisennase, Wasserfledermaus, Bartfledermaus, Nymphenfledermaus, Fransenfledermaus, Wimperfledermaus, Bechsteinfledermaus, Mausohr, Abendsegler, Kleinabendsegler, Zwergfledermaus, Mückenfledermaus, Rauhhautfledermaus, Weißrandfledermaus, Alpenfledermaus, Zweifarbfledermaus, Breitflügelfledermaus, Mopsfledermaus, Braunes Langohr, Graues Langohr.

WILDTIERE EROBERN DIE STADT ZURÜCK

WIENER FÜCHSE
Wien ist seit Jahren die Stadt
mit der höchsten Lebensqua-
lität – auch bei Wildtieren: So
sollen im Wiener Stadtgebiet
nach Schätzungen etwa 4.000
Füchse leben.

Zwischen Hochhäusern und Straßenlärm finden Wildschweine, Füchse und Raubvögel ein neues Zuhause. Als der Mensch noch Teil der Nahrungskette war,

Biene

wusste er, dass er bestimmten Tieren nicht davonlaufen konnte. Zur Erinnerung nun die Höchstgeschwindigkeiten einiger Wildtiere, denen Sie im urbanen Lebensraum begegnen könnten: Ratte 10 km/h, Bär 50 km/h, Fuchs 50 km/h, Wildschwein 55 km/h, Wolf 65 km/h …

BIENENSTADT WIEN

Im Sommer beherbergt Wien rund 200 Millionen Bienen.

WIENER NACHTPFAUENAUGE

Die Wiener Nachtpfauenaugen sind mit einer Flügelspannweite von bis zu 17 cm die größten

URBAN-IMKER
Etwa 600 Imker betreuen die rund 5.300 Wiener Bienenvölker.

europäischen Schmetterlinge. Sie nehmen keine Nahrung zu sich. Der Inhalt ihres Lebens ist sich fortzupflanzen.

WIENER

Der Weiße Wiener, der Blaue Wiener, der Graue Wiener, der Blaugraue Wiener und der Schwarze Wiener zählen zur Gruppe der Wiener und sind eigenständige Kaninchenrassen.

SOLIMAN

Am 6. März 1552 traf Soliman in Wien ein. Er war ein Geschenk von Johanna, der Tochter

HALTUNG VON HAUSTIEREN
Nicht nur Kaninchen gelten als Haustiere, auch Kamele und Wasserbüffel dürfen in Wien gehalten werden.

Kaiser Karls V. und Isabella von Portugal an
den späteren Kaiser Maximilian II. Dieser 6.
März ging in die Geschichte ein, da Soliman
der erste Elefant in Wien war. Nach seinem
Tod fertigte man aus seinen Knochen
einen Stuhl, der sich heute im Besitz des
Stifts Kremsmünster befindet, und diverse
Kleinmöbel, wie Stock- und Schirmhalter. Seine
Haut wurde präpariert und der ausgestopfte
Soliman landete schließlich im Bayerischen
Nationalmuseum, wo er später in einem
feuchten Keller verschimmelte.

KATZENSTREU

30.000 Tonnen Katzenstreu landen jährlich im
Wiener Restmüll.

WIENER HUNDE

Hundehasser und Hundeliebhaber aufgepasst:
Die meisten Hunde gibt es in der Donaustadt
mit 7021, die wenigsten in der Josefstadt mit
463.

FREILAUFFLÄCHE
Mit 1,2 m2 hat ein Hund
im 7. Bezirk die geringste
Auslauffläche aller Wiener
Bezirke. Am meisten Auslauf
haben die Hunde im 2. Bezirk
mit durchschnittlich 129 m^2
Freilauffläche.

WIENER HUNDEKOT

Knapp 50.000 gefüllte Hundekotsackerl landen
täglich in Wiens Mistkübeln.

HUNDEKOTSACKERL-
SPENDER
2.958 Hundekotsackerl-
automaten stehen in Wien.

REITEN IM PRATER

Im Prater ist das Reiten nur gestattet, wenn das

Pferd auf beiden Seiten des Kopfgestells eine
Nummerntafel trägt.

PFERDETRAMWAY IN WIEN

ULTRA LOW FLOOR
Von der Pferdetramway zum
Niederflurwagen ULF (Ultra
Low Floor). Die Wiener Linien
transportierten 2012 über 900
Millionen Fahrgäste.

Wiener Linien
Erdbergstraße 202, 1030 Wien
www.wienerlinien.at

Am 26. Juni 1903 fuhr die letzte
Pferdetramway. Der erste Vorläufer der Wiener
Straßenbahn war die Brigittenauer Eisenbahn,
eine ebenfalls von Pferden gezogene
Straßenbahn. Sie verkehrte vom 2. Juli 1840
bis zum 29. Juni 1842 vom Donaukanal bis
zum Vergnügungsetablissement Kolosseum,
das sich am Ende der Jägerstraße in der
Brigittenau befand.

Fischen am Donaukanal

FISCHE IM DONAUKANAL

Der Donaukanal ist ein Rückzugsgebiet
zahlreicher Fischarten. Man zählt ungefähr 30
Fischarten, die teilweise in der Donau selbst
gefährdet sind.

VETERINÄRMEDIZINISCHE
UNIVERSITÄT WIEN

Die Vetmeduni Wien wurde im Jahr 1765
von Kaiserin Maria Theresia als Lehrschule
zur Heilung der Viehkrankheiten gegründet
und zwar als dritte weltweit und erste im

FISCHE IM TRAUTEN HEIM
Die private Haltung von
Fischen, die in Freiheit mehr als
ein Meter lang werden, muss
der Behörde gemeldet werden.

deutschsprachigen Raum. Ab 1795 wurde sie als „Militair-Thierarzneyschule" geführt. Die Vetmed ist bis heute die einzige Universität für Veterinärmedizin in Österreich. Derzeit studieren 2.286 Personen (Stichtag 15.1.2013) an dieser Universität.

SCHONZEITEN

Während Stockenten, Schellenten und Tafelenten vom 16. Jänner bis 31. August weder verfolgt noch gefangen noch erlegt werden dürfen, dauert die Schonzeit für Reiherenten vom 1. Februar bis 20. September.

INTIMES

Zwischen Wein und Gesang schmiegt sich
sprichwörtlich das Weib – und so ist auch Wien
nie eine Stadt der Enthaltsamkeit gewesen.
Stadtbekannt kennt die größten Wiener
Intimitäten und verrät Ihnen, warum Sie die
„Wiener Auster" zuhause ausprobieren können
und was Bambi mit einer Wiener Dirne zu tun
hat.

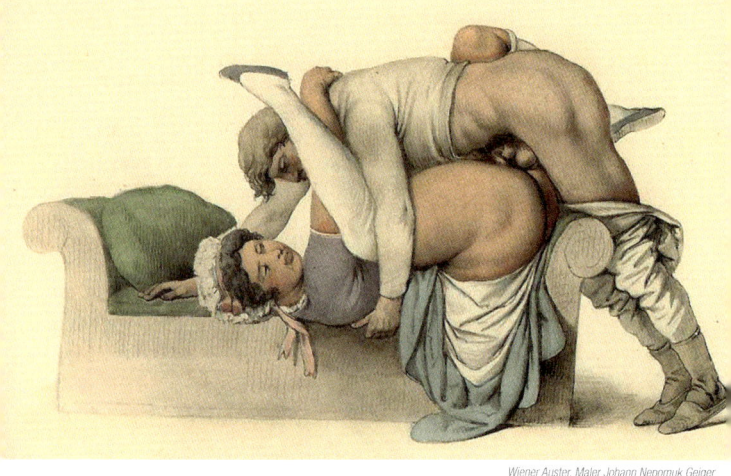

WIENER AUSTER

Die „Wiener Auster" ist eine Stellung beim
Geschlechtsverkehr. Ein Aquarell des Wiener
Malers Peter Johann Nepomuk Geiger aus dem
Jahr 1840 zeigt ein Liebespaar auf einem Sofa.
Dieses Bild erregte die Wiener offensichtlich
auf mehrfache Weise – in Bordellen war
die „Wiener Auster" angeblich eine der
gefragtesten Stellungen nach Erscheinen des
Bildes.

WEINBERGSCHNECKE
Die Weinbergschnecke, auch
als „Wiener Auster" bekannt,
war beliebt wegen ihrer aphrodisierenden Wirkung

MA 46 GANZ DEVOT

Am 14.10. 2005 erschien im BKM (Bazar
Kontakt Magazin) folgendes Inserat: „Devoter
38 j., geb. mit Tagesfreizeit möchte sich reifer

Herrin bedingungslos unterwerfen, kein KV oder Nadeln, bin auch zu Wohnungsputz oder allen von Ihnen gewünschten sonstigen Dingen bereit. Email: hih@m46.magwien. gv.at" – Die Magistratsabteilung 46 ist für Verkehrsorganisation zuständig.

WIENER NONNE

DIE WELT DES KONDOMS
Das Condomi-Museum zeigt die Geschichte des Kondoms, vom gewebten Stoffsäckchen über Kondome aus Schafsdärmen und anderen tierischen Membranen bis hin zu diversen Latex-Versionen.

Zu Allerheiligen im Jahr 1753 entwendete Casanova aus der Kommode einer Wiener Nonne deren gesamten Vorrat an Präservativen und hinterlegte dafür – höflich wie er war – ein kleines Gedicht.

WIENS FREIER

In Wien kommt es täglich zu 10.000 bis 50.000 Freierkontakten. Unterschiedlichen Schätzungen zufolge arbeiten zwischen 5.000 und 10.000 Prostituierte legal oder illegal in Wien, die zwischen drei und fünf Kunden pro Tag bedienen.

FELIX SALTEN

NACHWUCHS
Sowohl Bambi als auch Josefine Mutzenbacher hatten eine Fortsetzung: Bambis Kinder. Eine Familie im Walde. Peperl Mutzenbacher – Tochter der Josefine Mutzenbacher.

Der Schriftsteller Felix Salten wurde mit dem Kinderbuch „Bambi. Eine Lebensgeschichte aus dem Walde" weltbekannt. Allerdings gilt er auch als Autor des erotischen Meisterwerkes „Josefine Mutzenbacher. Die Geschichte einer wienerischen Dirne. Von ihr selbst erzählt".

GRABENNYMPHEN

Das Betätigungsfeld der so genannten Grabennymphen, wie man Prostituierte, die ihrer Tätigkeit rund um den am Wiener Graben nachgingen, nannte, wurde von amtlich gezogenen Kreidestrichen begrenzt – daher die Bezeichnung „auf den Strich gehen".

SYNONYME
Kokotte, Kurtisane, Gunstgewerblerin, Liebesdienerin, Straßenmädchen, Bordsteinschwalbe, Hetäre, Konkubine, Mätresse, Bein, Beserl, Hübschlerin, Gürtelschnalle, Metze, leichtes Mädchen …

PUDERN

Das Wort „pudern" leitet sich ab von „buttern". Die Technik, Rahm zu Butter zu schlagen, erinnerte so manchen an Geschlechtsverkehr.

TSCHURI

„Tschuri" (Sperma), kommt von romani „djuuri" und heißt in der Sprache der Roma Suppe.

WIENER KLASSIK

„Leck mir den Arsch fein recht schön sauber" (KV 382d) ist ein dreistimmiger Kanon und nicht zu verwechseln mit „Leck mich im Arsch" (KV 382c) dem sechsstimmigen Kanon von Wolfgang Amadeus Mozart.

GALANTER UND EMPFINDSAMER STIL
Wolfgang Amadeus Mozart war ein prominenter Vertreter der Wiener Klassik, einer Stilrichtung der Kunstmusik, die die Eigenschaften des Galanten und des Empfindsamen Stiles vereint.

KOTHGASSE, EIN DAMALS WEIT VERBREITETER STRASSENNAME

Durch die in mittelalterlichen Wohnhäusern üblichen Toilettenerker fielen die Exkremente

Statue

direkt auf die Straße. Deshalb hießen sowohl die Blutgasse, die Pramergasse als auch die Gumpendorfer Straße früher Kothgasse.

FUT HEISST EIGENTLICH ARSCH

Fut (despektierlich für Vagina) kommt vom mittelhochdeutschen Wort vut und bedeutete ursprünglich Hintern. Es ist verwandt mit dem alemannischen Wort füdle, einer Kurzform von fudloch. Es stand zuerst für Anus und wurde später auf das ganze Gesäß übertragen.

SPRACHLICHES

Mit einem „Kiebara" kann man sich keinen „Koarl machen", sonst packt er die „Brezn" aus und dann ist Schluss mit „leiwand". Ein „Piefke" wird das wohl nicht verstanden haben, aber wir haben auch dafür eine Lösung: „Beschwer dich beim Salzamt". Oder man liest einfach dieses Kapitel, das geht auch.

WIR HABEN UNS AN KOARL GEMACHT

CARLTHEATER
Im Zweiten Weltkrieg wurde das Theater fast völlig zerstört. Heute steht an der Stelle des Carltheaters der Galaxy Tower.

Der Ausdruck „Wir haben uns an Koarl gemacht", was so viel wie „sich einen Spaß machen" heißt, geht auf das Carltheater zurück, das vor allem für seine Lustspiele bekannt war.

A KIEBARA IS KA HABARA

Dieses Sprichwort weist darauf hin, dass ein Polizist, ein Kieberer, kein Freund (Habara) ist. Ein Kieberer (früher Kuberer) war ein Polizeibeamter, der Prostituierte kontrollierte. Kuberer leitet sich ab vom jiddischen kübbe, das so viel bedeutet wie Hurenhaus.

IM LEO SEIN

SCHUTZPATRON
Der heilige Leopold ist der Landespatron von Wien.

Der Ausdruck „im Leo sein" bezeichnet einen geschützten Bereich. Der Begriff geht auf den Leopoldring am Stephansdom zurück. Wer es bis zu diesem Ring schaffte, war im Schutz der Kirche und somit „im Leo".

WIENER SCHUH

Der Wiener Schuh ist eine Variante des Spanischen Stiefels. Doch Vorsicht, welche Fußbekleidung man bevorzugt, ist hier keine modische Frage. Der Wiener Schuh quetschte den Fuß und die Knochen wurden in diesem Bereich gesplittert und gebrochen. Mit dem Spanischen Stiefel hingegen wurde der

Unterschenkel zerdrückt, bis Schienbein und Wade zu Bruch gingen. Damit die Schuhmodelle ihre Bestimmung bestmöglich erfüllen konnten, fertigte man sie aus Metall – so konnte man durch Erhitzen der Schuhe den Befragten zusätzlich motivieren, etwas zur Wahrheitsfindung beizutragen. Dieses Folterinstrument führte auch zu dem wienerischen Ausspruch „I werd da de Wadln viererichtn".

HANDSCHELLEN

Als Achter, Achtereisen und Brezn werden im Wiener Polizeijargon Handschellen bezeichnet – auch dieser will dem kreativen Wiener Idiom in nichts nachstehen.

FOLTERMUSEUM
Die Geschichte der Folter wird mit schrägem Charme in einem Bunker des Zweiten Weltkrieges anschaulich dargestellt.

Fritz-Grünbaum-Platz
1060 Wien

Jonasreindl

JONASREINDL

JONASGROTTE
JONASWURM
Nicht nur das Jonasreindl
wurde nach Franz Jonas
benannt, auch die Jonasgrotte
(Opernpassage) und der Jona-
swurm (erster Gelenkzug der
Wiener Straßenbahn).

Die Schleifenanlage am Schottentor wurde in
der Amtszeit von Bürgermeister Franz Jonas
gebaut. Die Form der Schleifenanlage erinnerte
in Verbindung mit der Auffahrt zur Währinger
Straße an eine Pfanne, was im Wienerischen
als „Reindl" bezeichnet wird – so kam es zum
Namen „Jonasreindl".

IM SAUWINKEL

Die Gasse, welche Postgasse und
Dominikanerbastei verbindet, verdankte
ihren Namen dem dort ansässigen
Schweineschlachthaus „Im Sauwinkel". 1862
wurde sie allerdings in „Auwinkel" umbenannt.

TRINKGELD UND SCHMIERGELD

Mit der neuen Ernennung der Mariahilfer Straße
zur Poststraße entstanden auch die ersten drei
Einkehrgasthäuser. Gleichzeitig vermehrte sich
der Reiseverkehr, da die Kutschen nun endlich
komfortabler wurden und die Wege sicherer. Aus
dieser Zeit stammen zwei bekannte Ausdrücke:
Das „Trinkgeld" und das „Schmiergeld". In
Reisehandbüchern jener Zeit begegnen sie uns
als reguläre Posten neben der Fahrstrecke,
dem Fahr- und Gepäcktarif. Das Trinkgeld sollte
dem Kutscher bei der Raststation das Getränk
entgelten, während das Schmiergeld anteilig für
die Wagenschmiere berechnet wurde. Wer es
eilig hatte, zahlte eben ein höheres Schmier- oder
Trinkgeld, um den Kutscher zu motivieren.

POLIZEI

Das wienerische „Heh" für Polizei lässt sich
auf Hehmann, einen riesigen Waldgeist mit
schwarzem Mantel, zurückführen. Dieser bekam
seinen Namen aufgrund seiner ständigen „Heh"-
Rufe. Hehmann bestraft Holzdiebe und ist der
Herr und Hüter des Waldes.

KRIEAU

Der Name Krieau kommt von „Kriegsau", da
zwischen dem Stift Klosterneuburg und der
Stadt Wien ein jahrzehntelanger Streit um dieses
Gebiet brannte.

KONRAD POPPENBERGER
Im Jahr 1425 erwarb die Ge-
meinde Wien von Herrn Konrad
Poppenberger das „Hintere
Frauenhaus" ein Wirtschaftsun-
ternehmen, genauer gesagt ein
Bordell, aus dessen Einkünften
Angehörige der in der Bevöl-
kerung nicht so ange-
sehenen Berufsgruppen wie
Henker und Polizisten bezahlt
wurden.

BUCHSTABENSUPPE
Krieau: vier verschiedene
Vokale hintereinander!

Lobau

LOBAU

Der Name Lobau kommt vom althochdeutschen Wort „lo" und bedeutet dichter Wald.

DER BESERLPARK

GRÜNES WIEN
In Wien gibt es etwa 250 Parkanlagen

Am Franz-Josefs-Kai wurde einst eine Parkanlage eingerichtet. Die dortigen Bäume wurden aber schlecht gepflegt und sahen aus wie Besen. Daher der Begriff „Beserlpark".

Friedhof

ROLAND NEUWIRTH / „EIN ECHTES WIENERLIED"

Das Lied des österreichischen Komponisten und Musikers Roland Neuwirth ist berühmt damit geworden, ausschließlich aus wienerischen Ausdrücken fürs Sterben zu bestehen. Mit dieser Kombination aus Humor und Morbidität ist es wahrlich „Ein echtes Wienerlied".

Er hat an Abgang gmacht,
Er hat die Patschn gstreckt,
Er hat a Bankl grissn,
Er hat se niedaglegt,

WIEN UND DER TOD
Dass Wien so morbide Züge aufweist, liegt vielleicht auch an der Tatsache, dass die Zahl der in dieser Stadt liegenden Toten die Zahl der Lebenden bei Weitem übersteigt: Drei Millionen beträgt allein die „Einwohnerzahl" des Zentralfriedhofs.

SCHRAMMELMUSIK
Die Schrammelmusik wurde
nach den Brüdern Johann und
Josef Schrammel benannt. Die
Brüder starben beide im Alter
von 43 Jahren.

Er hat se d' Erdäpfel von unt angschaut,

Er hat se sozusagn ins Holzpyjama ghaut

Er hat die Bock aufgstellt,

Er hat den Huaf angsagt,

Er hat se d' Schleifn gebn,

Er hat die Stufn packt,

Er is umegstandn,

Er hats umebogn

Er is als arme Sööö zum Petrus aufe gflogn.

Er hat se abelassn, wia des so schee haßt,

Er ist nachschaun gangen, ob der Deckl paßt,

Zerst hams eam außetragn mit de Fiaß voran,

Jetzt lacht er si statt d' Madln drunt die Wirma an.

In der Ruprechtskirche wurde Salz durch das Salzamt an Einzelhändler verkauft.

SPRACHEN

In Wien werden etwa 100 verschiedene Sprachen gesprochen.

LEIWAND

Im 15. Jahrhundert wurde das Bürgerspital in Wien zu einem internationalen Zentrum des Textilhandels. Den feilschenden Kaufleuten wurde Bier ausgeschenkt, das wegen des dortigen Leinenhandels bald Leiwandbier hieß. Das Bier schmeckte und hatte bald einen sehr guten Ruf. Daraus entwickelte sich der Ausdruck „leiwand", der nun sprichwörtlich für etwas, das großartig ist, stand.

BIER - WEIN
1732 trank man in Wien etwa dreimal soviel Wein wie Bier – 2012 wurde knapp viermal soviel Bier wie Wein konsumiert.

DER PIEFKE

PIEFKE-DENKMAL
Zur Erinnerung an Johann
Gottfried Piefke steht seit September 2009 in Gänserndorf
ein Piefke-Denkmal.

In Gänserndorf bei Wien fand 1866 eine
Parade anlässlich des preußischen Sieges
gegen Österreich statt. Dirigiert wurde unter
anderem von Johann Gottfried Piefke, ein
Name der sprichwörtlich werden sollte.

SALZAMT

Das Wiener Salzamt befand sich bis 1824 im
Praghaus neben der Ruprechtskirche. Nach
Auflösung des Salzamtes stand das Gebäude
bis 1832 leer und war ein „Amt ohne Funktion".
So entstand das Wiener Sprichwort „Beschwer
dich beim Salzamt".

TRÖPFERLBAD

FLORABAD
Das Bezirksmuseum Wieden
befindet sich in einem ehemaligen Tröpferlbad, dem Florabad
in der Klagbaumgasse 4.

Das erste Volksbad Europas eröffnete 1887
in Wien. Der Andrang war so groß, dass die
Wasserleitungssysteme überfordert waren
und das Wasser aus den Duschen nur
heraustropfte – seitdem werden diese Bäder im
Volksmund Tröpferlbad genannt.

UNTERHALTSAMES

Wahre Größe lässt sich nicht einfangen und so kann auch das Unnütze WienWissen unendlich weitergeführt werden. Alles, was über Wien zu wissen sich nicht lohnt, haben wir in der folgenden Rubrik zusammengefasst. Als kleines Extra hat stadtbekannt hier sogar ein paar nützliche Informationen eingestreut: Etwa, was die Lichtsignale auf dem Wiener Wetterleuchtturm bedeuten, warum Sie eine Wiener Schachtel sicher gut brauchen können oder wo sich die Pathologie befindet.

Augarten

DER AUGARTEN: GEOGRAPHISCHER MITTELPUNKT WIENS

Die stadtbekannt Arbeitsgruppe hat
Wiens geografischen Mittelpunkt
gefunden und markiert! Er liegt nach
der Koordinaten-Mittelwert-Methode bei
48.220282,16.3800575, am unteren Ende des
Augartenspitzes.

FLAKTÜRME
Das Flakturmpaar im Augarten
trägt den Codenamen Peter.

BARON KARL

Die Baron-Karl-Gasse in Favoriten wurde nicht
nach einem Adeligen benannt, sondern nach
dem beliebten Sandler Karl Baron. Baron war
einfach sein Nachname. Zu seinem Begräbnis
kamen angeblich über 10.000 Menschen.

BEZIRKSGRAMMATIK

Die Bezirke 1 bis 4, 8, 20 und 22 sind weiblich
und werden mit Artikel genannt, die Bezirke
7 und 9 sind männlich und werden auch mit
Artikel genannt. Die Bezirke 5, 6, 10 bis 19, 21
und 23 sind sächlich und werden ohne Artikel
genannt.

SELBSTMORD

FRAUEN SIND ANDERS –
MÄNNER AUCH!
Es gibt aber auch Gemein-
samkeiten. So ist bei Frauen
und Männern das Erhängen
die mit Abstand beliebteste
Selbstmordmethode.

Im Dezember und Jänner begehen die
wenigsten Menschen Selbstmord –
insbesondere an den Weihnachtsfeiertagen
denkt kaum jemand an Suizid. Wien hat die
niedrigste Suizidrate aller österreichischen
Bundesländer.

DER STEPHANSDOM

Den Maßen des Stephansdoms liegt eine Zahlensymbolik zugrunde. Diese besteht aus den Zahlen Drei und Vier, wobei Drei für die heilige Dreifaltigkeit und Vier für die Himmelszeiten und Himmelsrichtungen steht. Zusammen ergeben sie die Zahl Sieben, welche zum Beispiel für die Sakramente, die Haupttugenden und Laster, die Schöpfungstage und vieles mehr steht. All diese Zahlen finden sich vielfach in den Maßen des Doms wieder.

HOTEL IMPERIAL

KÜCHENJUNGE
Nicht nur die Sacher-Torte, auch die Imperial-Torte wurde von einem Küchenjungen kreiert.

Mit einem Aufenthalt im Hotel Imperial hat man automatisch 4 Meldeadressen: Kärntnerring 16, Bösendorferstraße 15, Dumbastraße 1 und Canovagasse 2.

BERGGASSE 19, NICHT BURGGASSE 19!

SIGMUND FREUD
Museen, Denkmäler, Geldscheine, Briefmarken erinnern an Sigmund Freud und nicht nur Schulen, Universitäten, Institute, Lehrstühle wurden nach ihm benannt, auch ein Asteroid und ein Mondkrater tragen seinen Namen.

Zahlreiche Touristen verirren sich in die Burggasse 19, weil sie dort das Sigmund Freud Museum, eigentlich beheimatet in der Berggasse 19, vermuten. Seit Langem klärt eine Freud-Karikatur in einem Fenster die irritierten Touristen auf: „Sorry! This is not my former home! Your guide is wrong! You have to go to Berggasse 19!" Und dann noch als Nachsatz: „Maybe some patients live here . . ."

Prater

DIE GRÖSSE DES PRATERS

Der Wiener Prater ist etwa doppelt so groß wie der Central Park in New York.

DIE STRASSE DER SIEGER

164 Sportler erhielten in der „Straße der Sieger" auf der Wiener Mariahilferstraße eine Bodenplatte. Darunter auch Hansi Hinterseer, der als einziger auch am „Walk of Stars" im Gasometer verewigt wurde.

NATURSCHUTZ

Etwa 30 Prozent der Landesfläche Wiens stehen unter Naturschutz.

GRÜNFLÄCHE
Die Hälfte des Wiener Stadtgebietes ist Grünfläche.

DIE ÄLTESTE BRÜCKE WIENS

WIENER BRÜCKEN
Die Gesamtlänge aller
Brücken in Wien
beträgt 54 km.

Die älteste Brücke Wiens ist der 1873 erbaute
Konstantinsteg, den man noch heute auf dem
Gelände des Wiener Praters überqueren kann.

WIENS VERKEHRTE STRASSE

Die Fred-Liewehr-Gasse in Speising ist als
einzige in Wien „verkehrt", also mit ungeraden
Nummern auf der rechten Seite, nummeriert.

NATURDENKMAL

Die „Tausendjährige Eibe" im Europäischen
Patentamt am Rennweg ist das älteste
pflanzliche Naturdenkmal in Wien.

DIE TOILETTENANLAGE AM GRABEN

Die Toilettenanlage am Graben ist die älteste unterirdische Toilettenanlage Wiens und bot einst Toiletten erster und zweiter Klasse an.

LÄNGSTE UND KÜRZESTE STRASSE WIENS

Die längste Straße Wiens ist die Höhenstraße mit 14,8 Kilometern Länge. Die kürzeste ist die Irisgasse mit nur 17 Metern Länge.

BEDÜRFNISANSTALT
In unserer Stadt gibt es zurzeit 302 öffentliche Toilettenanlagen. Das am häufigsten frequentierte öffentliche WC ist die Toilette im Rathauspark mit rund 400.000 Benutzern jährlich.

WIENER LINIEN FAHREN UM DEN PLANETEN

STRASSENBAHNMUSEUM
Das Wiener Straßenbahnmuseum zeigt anschaulich die Entwicklung des öffentlichen Verkehrs anhand von originalen historischen Straßenbahnen und Autobussen. Weitere Infos auf www.wienerlinien.at

Im Vorjahr fuhren die Wiener Linien 1.650 Mal um die Erde. U-Bahn, Bim und Autobus legen täglich ca. 180.000 Kilometer zurück. Im Jahr kommen so 66 Millionen Kilometer oder eben 1654 Erdumrundungen zustande.

ALLGEMEINES KRANKENHAUS

Leicht verschätzt: Der Bau des Wiener AKHs wurde mit etwa ATS 1 Milliarde projektiert, rund ATS 45 Milliarden hat der Neubau dann tatsächlich gekostet.

DER WIENER GÜRTEL

STADTBAHNBÖGEN
In Wien gibt es 365 Stadtbahnbögen.

Über 40% aller Wohnungen im Gürtelbereich hatten 2006 kein WC.

DONAUTURM

Die beiden Aufzüge des Donauturms legten zwischen 1964 und 2010 eine Strecke von ca. 750.000 Kilometern zurück – das entspricht einer Reise zum Mond und wieder retour.

MARKTAMT

Jährlich werden etwa 13.000 unangemeldete Hygienekontrollen vom Wiener Marktamt durchgeführt.

Flakturm

WIENER FLAKTÜRME

Die Wiener Flaktürme sind unterschiedlich
hoch, ihre oberen Plattformen haben allerdings
exakt dieselbe Seehöhe.

WIENER AKH

Im Wiener AKH gibt es 6.500
Gegensprechanlagen, 7.500 Telefone für
Bedienstete und 1.000 Telefone für Patienten.

TRANSPLANTATION
Ärzte des Allgemeinen
Krankenhauses haben 2003
weltweit zum ersten Mal eine
menschliche Zunge verpflanzt.

PATHOLOGIE

Die Wiener Pathologie befindet sich in der
Sensengasse 2 im 9. Bezirk.

FEUERWEHR

Die Ausrückzeiten der Wiener Feuerwehr
betragen bei Tag maximal 30 Sekunden, bei
Nacht maximal 60 Sekunden.

HOCHSTRAHLBRUNNEN-SYMBOLIK

WIENER BRUNNEN
In Wien sorgen über 700
Trinkbrunnen für Erfrischung.
Den von Professor Hans Muhr
entworfenen „Wiener Trinkbrunnen" findet man nicht nur in
Wien, sondern unter anderem
auch in Berlin, Budapest, Chi-
cago, Genf, Hongkong, Leipzig
und Stockholm.

Der wunderschöne Hochstrahlbrunnen am
Schwarzenbergplatz kann fast als Kalender
durchgehen: Die 365 kleinen Springbrunnen
am Beckenrand symbolisieren die Tage des
Jahres. Die sechs Springbrunnen zwischen
Beckenrand und innerer Insel inklusive
der inneren Insel entsprechen den sieben
Wochentagen, die 12 hohen Strahlen stehen
für die Monate, die 24 niedrigen für die
Stunden des Tages und die 30 Strahlen in der
mittleren Insel für die Tage des Monats.

WIENS WOHNHAUSANLAGEN

WOHNEN IN WIEN
In Wien werden etwa 855.000
Wohnungen bewohnt und
rund 80.000 Wohnungen
stehen leer. Jedes Jahr werden
ungefähr 50.000 Mietverträge
abgeschlossen.

Der gewaltige Karl-Marx-Hof ist ca. 1.200 m
bzw. vier Straßenbahnhaltestellen lang. Er
beherbergt zudem 1.325 Wohnungen und 98
Stiegen auf einem Areal von 156.000 m². In
Bezug auf Wohneinheiten ist er allerdings nur
Nummer 3 im Wiener Gemeindebau-Ranking.

Platz 1 belegt die Wohnhausanlage Friedrich-Engels-Platz mit 1.467 Wohnungen, 47 Stiegen und 68.500 m².
Platz 2 geht an die Wohnhausanlage Sandleiten, die 1.534 Wohnungen, 105 Stiegen und 75.900 m² hat.

WIENER RINGSTRASSE

Die Wiener Ringstraße ist im Uhrzeigersinn nummeriert, nur der Kärntner Ring ist gegen den Uhrzeigersinn nummeriert.

DER RING
Die Wiener Ringstraße ist knapp 60 Meter breit und etwa vier Kilometer lang.

WIENERWALDBÄCHE

Durch Wien fließen 27 Wienerwaldbäche,

allerdings sind manche von ihnen unsichtbar. Der Ottakringerbach beispielsweise ist zwar der zweitlängste Bach Wiens, verläuft aber zur Gänze unterirdisch.

HOTEL STEFANIE

Das Hotel Stefanie in der Taborstraße ist das älteste Hotel Wiens.

DIE HOHE BRÜCKE

Im ersten Bezirk führt die Hohe Brücke über den Tiefen Graben. Die Häuser des Tiefen Grabens sind quasi die Keller der Häuser in der Wipplingerstraße, die den Tiefen Graben quert.

VIENNA INTERNATIONAL CENTRE

Das Vienna International Centre hat 24.000 Fenster.

VIC
Das Vienna International Centre hat die Postleitzahl 1400.

ARGENTINIERSTRASSE

Bevor die Argentinierstraße 1921 ihren südamerikanischen Namen bekam, trug sie viele andere: Zuvor hieß die Gegend Haferpoint, ab 1700 Alleegasse und ab 1862 Sophiengasse. Den heutigen Namen trägt sie zur Erinnerung an die 5-Millionen-Peso-Spende, die Argentinien an Österreich nach dem Ersten Weltkrieg leistete.

KUNSTHISTORISCHES MUSEUM

Auf dem Dach des Kunsthistorischen Museums steht eine Statue der Pallas Athene, Göttin der Künste und Weisheit.

KHM
Burgring 5, 1010 Wien
www.khm.at

DIE „WIENER" SCHWECHAT

Der Bau der Flughafenautobahn führte zu einer Neuregulierung der Schwechat. Seither verläuft der Fluss nicht mehr durch Wien, sondern ausschließlich auf niederösterreichischem Gebiet.

WIENER RESTMÜLL

Der Wiener Restmüll besteht zu 12% aus

Rathausmann

noch original verpackten oder nur teilweise
verbrauchten Lebensmitteln – das sind 70.000
Tonnen pro Jahr. Zum Transport dieser 70.000
Tonnen Restmüll werden 11.500 Müllfahrzeuge
benötigt.

WIENER SCHACHTEL

Eine Wiener Schachtel ist eine Geldbörse, die
wie eine Faltschachtel geöffnet wird.

RATHAUSMANN

Der „Eiserne Rathausmann" auf dem Wiener
Rathaus ist aus Kupfer.

Heilige

WIEN UND DIE HEILIGEN

Wien lässt sich doppelt schützen: Der Heilige
Leopold ist der Landespatron und der Heilige
Klemens Maria Hofbauer der Stadtpatron
Wiens.

WELTMÄNNERTAG

WIENER BEVÖLKERUNG
In Wien leben 1.731.236
Menschen, zumindest sind so
viele offiziell gemeldet. 900.299
Frauen stehen 830.937 Männern gegenüber.

Am 3. November ist Weltmännertag. Ins Leben gerufen wurde er im Jahr 2000 von Andrologen der Universität Wien. Andrologie ist ein Spezialgebiet der Medizin, das sich mit den Fortpflanzungsfunktionen des Mannes und deren Störungen befasst.

EICHKOGEL

Der Eichkogel ist mit 428 m der höchste Berg des 23. Wiener Gemeindebezirks.

WIENER HOFBURG

ROTER TEPPICH
Der bei Staatsbesuchen
im Burghof der Hofburg
ausgerollte Rote Teppich ist 84
Meter lang.

Die Hofburg besteht aus 18 Trakten mit 19 Höfen und ca. 2.600 Zimmern.

HABE-DIE-EHRE-GASSE

Die wohl freundlichste Gasse Wiens ist die Habe-die-Ehre-Gasse, eine Verkehrsfläche im 22. Wiener Gemeindebezirk.

WETTERLEUCHTTURM

WIENER WETTER
Die mittlere Lufttemperatur
beträgt im 30-jährigen
Mittel in Wien durchschnittlich
11 Grad Celsius.

Auf dem Dach des Wiener Ringturms befindet sich der 20 Meter hohe Wetterleuchtturm, der mit verschiedenfarbigen Lichtsignalen das Wetter für den kommenden Tag anzeigt. Diese Lichtsäule ist direkt mit der ZAMG (Zentralanstalt für Meteorologie und

Wienfluss

Geodynamik) auf der Hohen Warte verbunden.
Bedeutung der Lichtsignale:
rot aufsteigend = Temperatur steigend
rot absteigend = Temperatur fallend
grün aufsteigend = Wetterlage wird besser
grün absteigend = Wetterlage wird schlechter
rot blinkend = Warnung Gewitter oder Sturm
weiß blinkend = Schnee oder Glatteis

WIENFLUSS

Der Wienfluss „berührt" neun Wiener Bezirke:
Innere Stadt, Landstraße, Wieden, Margareten,
Mariahilf, Meidling, Hietzing, Penzing, Rudolfsheim-
Fünfhaus, wobei er die vier linksufrigen von den
fünf rechtsufrigen Bezirken trennt.

WIENERWALDBÄCHE
Der Wienfluss ist einer von 27
Wienerwaldbächen, die durch
Wien fließen.

TOM TURBOS HAUPTQUARTIER

Das Hauptquartier von Tom Turbo befindet sich
im Schönbrunner Zoo in unmittelbarer Nähe der
Landschildkröten.

PRIMUS VON QUACK

Primus von Quack aus Entenhausen stammt
ursprünglich aus Wien.

WALULISO

Die Walulisobrücke verbindet die Donauinsel
mit dem Hubertusdamm.